ABBÉ PLANEIX

PATRONS
ET
OUVRIERS

PARIS
LIBRAIRIE P. LETHIELLEUX
10, RUE CASSETTE, 10

PATRONS ET OUVRIERS

Imprimatur.

P. CHAUMONT,
vic. gén.

Clermont, le 20 février 1903.

———

Cette conférence a été donnée dans la cathédrale de Clermont pendant le carême de 1903.

———

CETTE BROCHURE A ÉTÉ DÉPOSÉE LE 20 JUILLET 1903

———

Tous droits réservés.

ABBÉ PLANEIX

PATRONS
ET
OUVRIERS

PARIS
LIBRAIRIE P. LETHIELLEUX
10, RUE CASSETTE, 10

PATRONS ET OUVRIERS

Vous n'avez pas oublié l'étonnement qu'éprouvèrent les adversaires de l'Église le jour où ils apprirent que le pape, dans une encyclique, venait de traiter de la condition des ouvriers et que chacune de ses paroles respirait le dévouement à la classe des travailleurs et une sublime charité.

En voyant que le socialisme n'était pas seul à poser ces redoutables problèmes, qu'il était même singulièrement distancé sur tous les points par la doctrine catholique, ils furent longtemps à revenir de leur surprise. Enfin, après réflexion, ils déclarèrent que l'Église avait pris une orientation toute nouvelle, qu'elle avait rompu d'un coup ses vieilles alliances avec la richesse et le pouvoir, et que, désormais intelligente de ses intérêts et des destinées du monde, elle faisait fête à la démocratie. Les politiques, ceux qui voient les choses de haut et qui connaissent l'avenir des peuples, la trouvèrent habile, fort habile de prendre la tête de ce grand mouvement social, prudente, fort prudente de quitter les vieux navires tant de fois radoubés et qui font eau de toutes parts.

En prophétisant, ces sages oubliaient une chose capitale : c'est que, de par la loi de sa naissance, l'Église est l'amie des ouvriers, — que son fondateur fut charpentier, — que ses Apôtres travaillaient de leurs mains, — que l'Évangile est la charte des ouvriers. J'ai beau chercher parmi les Apôtres : je n'en trouve pas un qui n'ait un métier. Le plus lettré, Paul, coud des tentes et des voiles de navire. Matthieu est un préposé aux douanes, assez semblable, je pense, à ces petits gabelous que nous voyons sur le seuil de leur bicoque, à l'entrée de nos villes. Les autres étaient tous des pêcheurs côtiers du lac de Génézareth : tels les rudes mariniers que vous voyez chaque année sur la plage avec leur blouse de toile écrue, leur habit de grosse bure et leur large chapeau goudronné. Tertullien n'exagérait rien quand il disait : « Nous, catholiques, nous sommes nés d'une vile plèbe, *ex vili plebecula.* »

L'Église n'a jamais renoncé à cet amour originel de l'ouvrier; elle l'a gardé comme une tradition de famille, comme un héritage sacré. Il y eut des temps où la reconnaissance des peuples la poussa au faîte des honneurs et de la puissance. On la vit s'asseoir sur les marches des trônes, toute drapée dans la pourpre des rois. Mais, si haut qu'elle fut placée, elle ne perdit point de vue l'ouvrier, et plus d'une fois, quand il fut opprimé, elle trouva, pour le défendre, de tels cris que toute la terre en fut émue.

Il est vrai de dire cependant que, dans tout le cours du XIXe siècle, la question des rapports entre patrons et ouvriers perdit quelque chose de sa netteté aux yeux des catholiques. La lutte des classes s'étant aggravée, l'ouvrier, dans ses revendications les plus légitimes, semblait être un révolté en insurrection contre l'ordre social. Devant ce spectacle, en présence des réclamations trop souvent excessives ou violentes de la classe ouvrière, beaucoup de bons esprits et de cœurs généreux restaient incertains. Ces cris de colère, ces appels à la force, ces menaces farouches, ces guerres civiles, ces barricades, ce sang versé, ces révolutions périodiques les épouvantaient et les détournaient d'une cause sacrée.

Aujourd'hui, tout malentendu a cessé, et il n'y a pas de catholique qui pourrait hésiter à servir les intérêts des travailleurs, puisque le mot d'ordre a été donné par le représentant de Dieu et qu'il a retenti d'un bout à l'autre de la chrétienté. L'Église est invitée à prendre hautement en mains la cause de l'ouvrier. Sa mission, il est vrai, est rendue plus difficile que dans le passé, parce qu'entre elle et lui se dressent les agitateurs, les politiques, ceux qui aiment le peuple à pleine bouche, non pas à plein cœur, les aventuriers et les intrigants, qui se servent des souffrances populaires pour faire la recette des honneurs et de la popularité. Ils forment comme une muraille de séparation. Mais cette muraille, l'Église la renversera, elle atteindra la foule des vrais ouvriers, de ceux qui mettent leur espoir dans la justice et dans le droit, non dans le désordre et la violence; elle défendra leur cause; elle en assurera le triomphe pacifique.

Il ne peut y avoir désormais une âme catholique qui se désintéresse de ce problème, ni un prêtre qui ne redise les immortels enseignements du pontife romain. Un jour viendra, qui n'est pas loin peut-être, où germera dans le monde cette semence évangélique, et où l'humanité verra ce que vaut la parole de l'Église, quand elle s'élève avec cette puissance et cet éclat en faveur des ouvriers.

Ce discours ne sera qu'un commentaire de l'encyclique pontificale ; nous y rechercherons les causes qui ont troublé si profondément en notre temps les rapports des patrons et des ouvriers, — et les moyens d'atténuer et de guérir ce mal social.

I

Il faut, avant tout, préciser le sens des mots. J'appelle patron, non pas seulement le chef d'usine ou d'atelier, mais quiconque a recours, contre un salaire, directement ou indirectement, au travail de ses semblables. Tels sont l'industriel qui façonne des matières premières ; le commerçant qui les achète pour tirer un bénéfice de la revente ; le propriétaire foncier, qui fait valoir ses terres en employant des domestiques ou des journaliers, qui les loue à un fermier, ou qui en partage les fruits avec un métayer ; le rentier enfin, qui, si enveloppé qu'on le suppose dans ses titres, a pourtant quelquefois à traiter avec un maçon, un menuisier, avec un coiffeur tout au moins ou un cordonnier, et avec les employés subalternes des administrations publiques. A quelque catégorie sociale que nous appartenions, nous sommes, à un moment donné, des patrons, et il s'agit de nos rapports avec le monde des ouvriers, des rapports des capitalistes et des travailleurs.

En toute société, à quelque degré de civilisation qu'elle soit parvenue, ces rapports sont nécessaires.

Il y eut des temps où ils furent bons et où patrons et employés vivaient en amitié. Aujourd'hui, c'est la guerre, la guerre déclarée très haut et vigoureusement menée. Vous n'avez qu'à ouvrir les yeux pour voir les deux camps; dans notre pays, dans toute l'Europe, ils sont bien tranchés : d'une part, les riches; d'autre part, les va-nu-pieds; ceux qui possèdent, ceux qui n'ont rien; les maîtres, les ouvriers; les rassasiés, les meurt-de-faim.

L'armée de ceux-ci est immense; de plus en plus elle s'agrandit, s'organise, se prépare à la bataille. Indisciplinée jadis, sans cohésion, impatiente du joug, elle se fait à l'obéissance; elle a des chefs, elle en reconnaît l'autorité, elle en exécute les ordres ; et ainsi elle se fortifie jusqu'à se rendre invincible.

De cette immense armée s'élève un bruit grandissant de haine : la haine du maître, la haine du riche, la haine des heureux, la haine de ceux qui détiennent le pouvoir ou la fortune. La foule de ceux qui n'ont rien et qui gagnent durement le pain de chaque jour est en proie à une immense colère. Sans croyances, sans Dieu, partant sans force morale et sans consolations, accablée par le poids de sa destinée, victime quelquefois d'exploitations cruelles, elle se redresse avec une énergie suprême et appelle de tous ses vœux le combat.

Qui voudrait connaître cet état d'âme n'aurait qu'à lire la littérature populaire qu'on répand à profusion dans les centres ouvriers, qu'on distribue à l'entrée et à la sortie de l'usine et de l'atelier, dans l'usine et dans l'atelier mêmes, quand on le peut, sur les places et dans les rues des faubourgs, dans les cabarets borgnes, où les travailleurs ont coutume, leur tâche finie, de se donner rendez-vous : sous toutes les formes, catéchismes de l'ouvrier, feuilletons illustrés, journaux à un sou, brochures, appels au peuple, on leur prêche le « chambardement social » et la révolution violente. Je ne citerai qu'un écho, et il n'y a pas une de ces feuilles où ne se trouvent d'aussi odieuses excitations : « Une vision monte dans un horizon proche : c'est la vision rouge de la Révolution qui emportera tout : c'est la débâcle du peuple lâché, débridé, galopant par les villes et les campagnes, où ruissellera le sang du bourgeois, où sera semé l'or des coffres-forts éventrés... »

« Non, il n'y a rien à faire, si ce n'est allumer le feu aux quatre coins des villes, faucher les peuples, raser tout, et quand il ne restera plus rien de ce monde pourri, peut-être en repoussera-t-il un meilleur. »

Voilà donc la situation sociale. Les deux camps sont en présence dans les dispositions d'une haine farouche.

Comment en sommes-nous arrivés là?... Mon Dieu, tout naturellement.

La première cause de ces divisions, leur cause originelle, c'est l'affaiblissement de la foi, sa ruine en un grand nombre d'âmes.

La foi enseignait à l'ouvrier que la richesse n'est pas le bonheur, que la vie est une épreuve, non pas un festin, qu'il doit user de patience et de résignation, que ces vertus sont le prix d'une impérissable récompense.

Cette croyance était nécessaire à l'ouvrier pour ennoblir à ses yeux sa condition, pour la rendre tout au moins supportable; car, reconnaissons-le franchement, elle n'est pas riante. Travailler du matin au soir, ne déposer ses outils le soir que pour les reprendre le lendemain, épuiser ses forces, quelquefois briser sa santé prématurément par un labeur accablant et mal payé; subir toutes les privations, même la faim, quand l'usine chôme; se nourrir de légumes mal apprêtés, être vêtu grossièrement et logé dans un taudis; savoir qu'à deux pas de soi, tandis qu'on peine, qu'on souffre, qu'on traîne son boulet, l'opulence savoure les délices d'un repos ininterrompu et s'enivre de plaisirs; recevoir, en toute occasion, les ordres des riches; se faire humble et petit devant leurs exigences; dévorer, les yeux baissés, toutes les humiliations; trimer ainsi trente ou quarante ans, dans la fatigue physique et la détresse morale, et mourir enfin à l'hôpital en léguant à de pauvres enfants sans éducation, sans fortune, sans avenir, le même héritage de misères : voilà les amertumes de la vie qui est faite trop souvent à l'ouvrier.

Certes, si je m'adressais à une assemblée de

prolétaires, je ne leur présenterais pas ces tableaux. Bien des fois, je leur ai parlé de la patience et de la résignation qui allègent tous les fardeaux, de l'esprit de foi qui voit dans les supérieurs l'image de Dieu, du respect chrétien qui rend toute obéissance douce et noble. Mais vous, vous êtes fortunés, vous êtes riches, vous avez une part plus qu'ordinaire d'or et de bonheur. Faut-il que vous vous enveloppiez dans la jouissance égoïste de votre félicité, et que vous ignoriez ce qu'on souffre à côté de vous? Non, non; vous devez connaître ces souffrances pour y compatir et pour les soulager. Mais qui vous les dira, si le prêtre ne vous les dit pas, s'il ne peut pas vous les dire? Il ne serait pas un vrai prêtre, celui qui, se nourrissant tous les jours du corps et du sang de Jésus, ne recommanderait pas hautement les petits et les humbles à votre bonté. Ils ne seraient pas de vrais catholiques, ceux qui, partageant avec le prêtre l'aliment divin, ne sentiraient pas battre dans leur cœur l'amour dont leur Dieu aima les ouvriers.

Eux et nous, nous sommes issus des mêmes ancêtres, et nul ne saurait humainement expliquer pourquoi, fils d'un même père, membres d'une même famille, nous nous réjouissons tandis qu'ils pleurent, nous sommes heureux pendant qu'ils souffrent. Devant ces incompréhensibles et douloureuses inégalités, l'ouvrier ne peut s'adresser ni à la science, ni à la philosophie, ni à l'histoire, ni à la politique, ni au socialisme; il n'a qu'un recours sérieux, un seul : l'espérance d'une vie meilleure et plus clémente. Or, cette espérance, la foi seule la donne; seule, elle résout l'énigme de la vie présente; seule, elle enseigne à ceux qui souffrent une doctrine qui les relève et qui les fortifie.

Or, cette foi, on la lui a prise; on lui a persuadé qu'il n'y a pas de justice, ni de Dieu, ni d'éternité.

Et le jour où l'ouvrier, après avoir entendu les rhéteurs, les sophistes, les tribuns, a été pénétré de leurs doctrines, il s'est pris à réfléchir et il a dit : « S'il n'y a ni Dieu, ni justice, ni vie future, tous les hommes ont les mêmes droits, tous les biens sont de ce monde, la richesse est un vol, l'inégalité est un désordre. Il n'y a plus de raison pour que les uns jouissent et que les autres travaillent, pour que les uns commandent et que les autres obéissent, pour qu'il y ait des patrons et des ouvriers. Jetons à terre d'un coup vigoureux la masure sociale qui nous abrite, et bâtissons sur de meilleures bases l'édifice qui protégera les générations à venir. »

O politiques, ô philosophes, vous avez proclamé bien haut qu'il n'y a pas de Dieu, que la religion est un rêve, la foi une folie; je ne vois pas comment vous pourriez empêcher l'ouvrier de tirer les conséquences de vos principes, ni ce que les patrons libres penseurs pourront bien faire et dire pour avoir raison de sa logique sincère et brutale.

L'irréligion n'a pas seulement créé dans l'ouvrier l'inintelligence absolue des raisons qui rendent nécessaires les inégalités sociales, et la passion de la haine, désireuse de tout abattre et de tout niveler. Elle y a fait naître aussi le désir immodéré de la jouissance, le vice, et par là même la passion de l'envie, la convoitise des richesses, qui procurent la jouissance et qui entretiennent le vice.

La religion lui avait dit : « Ouvrier, la vie présente est une épreuve, non pas une fête; n'y cherche pas une félicité, que tu n'y trouverais point. Les trésors qu'elle pourrait t'offrir ne t'apporteraient pas le bonheur, parce qu'ils sont périssables. O ouvrier, fils de Dieu, fils de l'éternité, à quoi sert de gagner le monde, si l'on vient à perdre son âme? »

Cette doctrine lui donnait le vrai sens de sa condition; elle modérait ses désirs; elle contenait ses passions; elle lui procurait ce confortable de l'âme, infiniment supérieur au confortable matériel, et que les riches ne possèdent pas toujours au sein de leur opulence, tandis que tout paysan chrétien en jouit dans sa chaumière. Moyennant un peu de pain, chèrement gagné, pour nourriture, des enfants dévoués pour soutenir sa vieillesse, un prêtre pour le préparer à bien mourir, il tenait la Providence quitte envers lui, et il estimait que la société avait assez fait. Du milieu du champ où il poussait sa charrue, il promenait sur le monde un regard tranquille et sans envie. Il avait peu, c'est vrai, bien peu; mais il ne lui fallait pas davantage; la moisson qui poussait dans son sillon suffisait à lui donner une joie que les heureux pouvaient lui envier dans leur abondance.

Mais voici qu'on a ruiné ses espérances; on a aiguisé ses désirs; on a allumé ses passions; on lui a dit, en simulant la pitié et l'intérêt : « Pauvre ami, comment peux-tu être heureux dans cette misère? Le bonheur, c'est la richesse, parce que seule elle peut acheter le plaisir. Elle est tout, et le reste n'est rien. Dieu, le ciel, le renoncement, le sacrifice, ce sont de vieilles chansons mises en musique par l'Église pour bercer ta souffrance et pour t'aider à traîner ton boulet. »

Une fois cette conviction formée dans l'ouvrier, la logique devait l'entraîner à un désir âpre et violent de la jouissance.

Ce désir s'est emparé de lui; il l'aiguillonne; il lui brûle les entrailles. Et de même que le riche, quand il est pris de cette passion, apporte dans la recherche du plaisir les délicatesses et les raffinements de son milieu, il y apporte, lui, les appétits et les grossièretés d'une nature fruste et sans frein.

Vous, messieurs, vous avez votre cercle, le théâtre, l'opéra, vos chevaux, vos automobiles, les courses, le sport, la plage, la ville d'eaux. Ne pouvant jouir de ces délassements dispendieux, l'ouvrier a son cabaret noir et son café chantant. Il n'y entend pas la musique des grands maîtres, mais il y chante les refrains obscènes et les hymnes révolutionnaires. Il n'y cause pas d'art ou de littérature, mais il y parle de la manière d'en finir avec le bourgeois; il s'y délasse par des conversations impudentes, des lazzis qui font rougir, des danses éhontées. On ne lui sert ni mets exquis, ni vins recherchés; mais on lui offre, pour quelques sous, l'alcool, et les pires alcools, ceux qu'on a justement nommés l'épilepsie en bouteille. Ses fils boivent avec lui ce liquide fatal, tandis que ses filles, dévergondées, provocantes, s'étalent au milieu des hommes comme une marchandise à la criée.

Où cela le mène-t-il?

Je puis vous répondre. Nous avons, dans notre histoire, des exemples mémorables et dont personne n'a encore perdu le souvenir. Sans confiance et sans espoir dans les compensations éternelles, sans crainte de Dieu, partant sans frein, l'ouvrier est pris de la rage de jouir en cette vie, et, comme il n'y peut arriver dans toute l'étendue de ses désirs, il se précipite contre l'obstacle. Ce n'est plus un homme, c'est un fauve déchaîné. Rappelez-vous les scènes de la Commune, ces prêtres, ces magistrats enfermés comme des malfaiteurs et mis à mort, ces otages fusillés, les barricades dressées dans les rues et sur les places publiques, les monuments incendiés, les multitudes, ivres de sang, se ruant contre le pouvoir et contre la richesse. C'est le passé, oui; mais l'histoire d'hier peut devenir l'histoire de demain, parce qu'une loi fatale veut que les mêmes causes produisent les mêmes effets.

La religion manque donc aux ouvriers pour leur apprendre la nécessité et l'équité des inégalités sociales, l'espérance, le renoncement, et pour leur mettre au cœur du courage.

Elle manque tout autant au riche pour lui rappeler la dignité du travailleur, son frère, non pas son esclave; pour lui apprendre à pratiquer envers les ouvriers, non seulement la justice, mais l'amour. Tout est là. On a écrit des volumes avec les programmes de réforme sociale offerts à notre génération. Ces efforts sont louables peut-être, mais inutiles. Il s'agissait seulement d'aider l'Église à mettre dans les cœurs de plus en plus d'amour, jusqu'à ce qu'on les eût élevés à l'accomplissement de tous les devoirs d'une vraie fraternité. La question aurait été résolue le jour où l'on aurait ainsi fait régner l'amour là où l'on fait régner la haine.

Mais quand le patron a laissé de côté le point de vue chrétien, que devient pour lui son subordonné? Non plus un frère, un égal devant Dieu; non plus un coopérateur intelligent et libre, qu'il associe à son œuvre, mais un moteur animé, auquel il faut demander la plus grande somme possible de travail, aux conditions les moins onéreuses.

De là toutes les habiletés imaginées par des spéculateurs audacieux, qui, ne faisant pas de différence entre un homme et une machine, abusent de malheureux ouvriers pour satisfaire une insatiable cupidité :

Ces journées de labeur accablant, dans les conditions souvent les plus défavorables à la santé, et rémunérées d'une manière dérisoire[1].

Ces prolongations arbitraires d'une journée déjà pénible : c'est un attentat que la loi française prévoit et qu'elle réprime; mais tout le monde sait que la loi peut être éludée par l'adresse, annulée dans ses effets par les hautes influences, tournée ou rendue inefficace en faveur de privilégiés.

Ces ouvriers blessés, mutilés, estropiés sur le

---

[1] « Exiger une somme de travail qui, en émoussant toutes les facultés de l'âme, écrase le corps et en consume les forces jusqu'à l'épuisement, c'est une conduite que ne peuvent tolérer ni la justice ni l'humanité. L'activité de l'homme, bornée comme sa nature, a des limites qu'elle ne peut franchir. Elle s'accroît sans doute par l'exercice et l'habitude, mais à condition qu'on lui donne des relâches et des intervalles de repos. Ainsi le nombre d'heures d'une journée de travail ne doit-il pas excéder la mesure des forces des travailleurs, et les intervalles de repos devront-ils être proportionnés à la nature du travail et à la santé de l'ouvrier, et réglés d'après les circonstances des temps et des lieux. L'ouvrier qui arrache à la terre ce qu'elle a de plus caché, la pierre, le fer et l'airain, a un labeur dont la brièveté devra compenser la peine et la gravité, ainsi que le dommage physique qui peut en être la conséquence. Il est juste, en outre, que la part soit faite des époques de l'année : tel travail sera souvent aisé dans une saison, qui deviendra intolérable ou très pénible dans une autre. » (Encyc. *Rerum novarum*.)

chantier, vieillis tout au moins et devenus impuissants, et qu'on renvoie comme inutiles. Les secourir peut n'être pas un devoir de justice, si on leur a toujours donné un salaire convenable; c'est toujours, surtout quand il s'agit d'une industrie florissante et lucrative, un devoir d'humanité.

Ces injustes retenues du prix du travail, à cause des malfaçons, tandis qu'on livre ce travail au commerce et qu'on en tire le profit ordinaire : le consommateur est peut-être lésé dans ses droits; le patron ne l'est pas; il fait donc un gain illicite, au détriment à la fois de son client et de son ouvrier.

Ces boutiques, ces odieuses boutiques, épiceries, auberges, cafés, commerces de comestibles, installés par les patrons dans le voisinage des usines, et où l'ouvrier, s'il veut conserver sa place, est moralement obligé d'acheter un vin fabriqué et des liqueurs malfaisantes, une alimentation malsaine, des marchandises frelatées.

Ces femmes appelées, en échange d'un salaire infime, aux travaux les plus durs et livrées à une promiscuité immorale.

Ces enfants condamnés, contrairement aux lois de la nature, à un travail supérieur à leurs forces et aussi fatal à leur corps qu'à leur âme.

Ces délais indéterminés dans le versement d'un

salaire péniblement gagné et quelquefois si douloureusement attendu.

Ces réserves en vue d'une pension fictive, que l'ouvrier ne touchera jamais, jamais du moins dans son intégrité.

Enfin, ce désir immodéré et sauvage d'entasser des bénéfices sans souci de la justice, de la probité, de la charité, au détriment des droits les plus sacrés de l'ouvrier, au prix de son bonheur et même de sa vie.

On sait ce que les patriciens avaient coutume de faire, à Rome, pour empêcher l'esclave chargé de moudre le blé d'en manger quelques grains tout en tournant la meule. On lui mettait au cou une sorte de collier de bois. Ainsi muselée, la bête de somme ne pouvait plus faire aucun tort à son maître.

Cela, c'est l'homme, cette bête hirsute et sauvage quand elle est en proie aux seules influences de sa nature. Les siècles ne l'ont pas changé. Son égoïsme natif, quand la religion cesse de le réprimer, le ramène brusquement à toutes les brutalités du paganisme.

Parmi ces duretés du patronat libre penseur, il est juste de citer la disproportion du salaire avec le travail fourni et les bénéfices réalisés.

« Pour fixer la juste mesure du salaire, dit

Léon XIII, il y a de nombreux points de vue à considérer ; mais, d'une manière générale, que le riche et le patron se souviennent qu'exploiter la misère et la pauvreté, spéculer sur l'indigence sont des choses que réprouvent également les lois divines et humaines. Frustrer quelqu'un du prix de ses labeurs serait un crime à crier vengeance au ciel : « Voilà que le salaire que vous avez dérobé par fraude à vos ouvriers crie vers vous, et que leur clameur monte jusqu'aux oreilles du Dieu des armées [1]. »

Il est difficile, j'en conviens, d'établir avec rigueur l'équitable mesure du salaire ; mais il y a une règle qu'on ne conteste généralement pas : c'est que l'ouvrier laborieux, économe, rangé, doit pouvoir vivre et faire vivre les siens par son travail [2].

---

[1] Encyclique *Rerum novarum*.
[2] On admet communément que le taux du salaire doit être déterminé d'après les deux principes suivants : 1° Tout métier utile au corps social doit nourrir son homme et lui permettre de vivre honnêtement. Le patron n'a pas le droit d'organiser le travail comme si ses ouvriers étaient de simples machines ; il est obligé de se souvenir de leur dignité et de leurs besoins d'hommes. 2° Le salaire doit être proportionnel à la valeur du travail fourni : on ne prétendra jamais que le sculpteur qui fait la maquette d'une statue et le manœuvre qui lui présente la terre à mouler aient fait un travail d'égale valeur, parce qu'ils ont été occupés pendant le même temps. (V. *Catéchisme d'économie sociale*, p. 208.)

Or, que faut-il pour vivre? Entendons-nous : je ne demande pas ce qu'il vous faut, à vous, messieurs, pour que votre table soit convenablement servie, que vous soyez habillés d'étoffes fines, que vos réceptions aient lieu aux époques ordinaires, que vous puissiez prendre convenablement votre villégiature. Je ne demande point cela; ce serait par trop indiscret. Mais que faut-il à une famille d'artisans, composée des parents et de trois enfants, pour vivre, en mangeant ordinairement des pommes de terre ou des haricots, en s'habillant avec une serge grossière, qu'on retourne quand elle est usée; en habitant sous le toit un logement à deux pièces, éclairées par une lucarne, et en chaussant les petits avec des sabots? Des statistiques impartiales disent que cette famille a besoin de quatre francs par jour. Et il y a des ateliers, de grands ateliers, de riches usines où le meilleur ouvrier n'arrive pas à gagner net ce salaire de famine [1].

D'excellentes gens, qui ont les pieds chauds et une provision de valeurs dans leur coffre-fort, préconisent un remède facile à ces maux : « Que l'ouvrier, disent-ils, économise davantage! » C'est

---

[1] Depuis un siècle, la hausse des salaires a été à peu près constante. La journée de travail se paye maintenant le double et parfois le triple de ce qu'elle rapportait il y a cinquante ou

bien, et je trouve que ce discours est sage ; mais il est par trop incomplet. Il ne sera acceptable, au regard de la justice et de l'Évangile, que si, vous tournant ensuite du côté des patrons, vous leur dites : « Vous aussi, modérez-vous ; restreignez votre luxe, mettez un frein à vos désirs ; ménagez à vos filles une dot un peu moindre ; prélevez sur les bénéfices une part plus équitable, afin que vous puissiez donner à vos ouvriers un salaire moins inférieur au mérite de leur travail et à leurs besoins. »

Toujours inique, toujours capable d'exciter la colère de l'ouvrier, cette disproportion du salaire avec le travail devient encore plus odieuse, quand l'entreprise réalise de gros profits. Et c'est un fait que des actionnaires, qui ne se dérangent pas autrement que pour toucher des dividendes, perçoivent trente, trente-cinq et quarante pour cent

---

soixante ans. Malgré l'augmentation du prix des denrées alimentaires et des autres choses nécessaires à l'entretien, on épargnerait probablement aujourd'hui plus facilement qu'autrefois si l'on avait conservé les habitudes de simplicité austère et de rigoureuse économie jadis en honneur dans les ménages de travailleurs, et il est trop certain que les gaspillages, la mauvaise tenue des ménages, le vice quelquefois, sont des causes de misère ; mais il demeure vrai qu'on trouve telle usine, telle industrie, telle maison de commerce, tel atelier où l'ouvrier économe et rangé ne peut pas, avec le produit de son travail, vivre et faire vivre honnêtement les siens.

sur leur capital, alors que le pauvre ouvrier, qui donne toutes ses sueurs et toute la force de ses muscles, obtient tout juste de quoi ne pas mourir de faim. Je voudrais bien savoir comment on peut justifier devant la conscience ces gains immoraux, et montrer qu'ils ne constituent pas cette usure dévorante, *usura vorax*, flétrie par Léon XIII.

Les exemples abondent. En voici un que vous connaissez.

Il y a, dans les villages du Livradois, des légions de jeunes filles, alertes et vives sous leur petit bonnet blanc, et qui, tout le long du jour, assises à leur fenêtre ou sur le pas de leur porte, lancent entre leurs doigts habiles les fuseaux sonores pour tisser la passementerie, ou qui, l'aiguille légère à la main, un grand carreau sur les genoux, font de la broderie. Ah! on est heureux quand arrive une commande nouvelle : car le sol est infécond et donne peu; les familles sont nombreuses; souvent le produit de la dentelle est la principale ressource de la maison. Aussi la petite ouvrière ne chôme pas : elle parle, elle rit, elle chante : les cœurs purs sont toujours pleins de chansons; mais sa main est infatigable, et son regard toujours attentif.

Enfin la fleur se forme, elle grandit, elle se développe, elle s'épanouit. En voici dix, vingt, et on les ordonne, on les applique, et l'on obtient ce tissu léger dont vous aimez tant, mesdames, la fine élégance et les ondulations délicates : la dentelle.

Que vaut le fil? Que vaut le dessin? Le total de ces deux chiffres représente le capital engagé, la mise du patron. Mettons qu'elle soit d'un louis, — et vous avez payé la dentelle vingt louis! D'où vient la plus-value, sinon du travail de l'ouvrière? C'est donc à elle que vont aller les dix-neuf louis? Elle en aura tout au moins une grosse part? — Vous savez ce qui se passe : le patron encaisse cet argent et donne à l'ouvrière quelques gros sous, soixante-quinze centimes par jour, dit-on, si elle est expérimentée et habile; cinquante centimes, si elle n'est pas rompue à son métier.

Il serait facile de faire un examen analogue pour d'autres industries plus importantes, où une matière brute, fécondée par la sueur de l'ouvrier, se transforme et se perfectionne, et où elle acquiert une valeur vénale hors de toute proportion avec le salaire.

Est-ce juste, cela, et croyez-vous que tous ces humbles, qu'on tient pour taillables et corvéables à merci, n'amassent pas dans leur sang des flots de colère contre les artisans de ces exploitations?

Le pape nous découvre les dernières racines du mal social, quand il ajoute : « L'affluence des richesses entre les mains d'un petit nombre,... les exigences de l'industrie contemporaine,... l'opinion plus grande que les ouvriers ont conçue d'eux-mêmes et leur union plus compacte, toutes ces causes, sans parler de la corruption des mœurs, ont eu pour résultat final un redoutable conflit. »

On a été surpris, catholiques et incroyants ont tendu l'oreille, quand ils ont entendu le pape parler du scandale des fortunes colossales et du danger social créé par les accapareurs. « L'Église, a-t-on dit, est devenue socialiste; elle fait fi du droit de propriété! »

Le droit de propriété est inattaquable, et l'Église l'appuie énergiquement, pourvu qu'il s'agisse de richesses légitimement acquises et possédées sans péril pour l'intérêt public.

Mais quand leur accumulation, produit de l'accaparement, du monopole, de l'agiotage, du vol enfin sous des formes peut-être légales, mais illicites, dépasse toute mesure raisonnable ; quand elle stérilise au profit d'un seul le sol, le commerce, l'industrie ; quand elle amoindrit et menace de ruiner la prospérité publique, comment en démontrera-t-on, par d'invincibles arguments, la légitimité ? Comment justifiera-t-on cet amoncellement inutile et redoutable ?

Vous pouvez, assurément, faire de grands achats de blé, si vous êtes marchand, et remplir vos greniers. Mais il y a une limite où vous cessez d'être marchand pour devenir accapareur, et où vous créez un monopole périlleux pour le bien public [1]. C'est alors le droit, c'est le devoir de la société de s'opposer à votre entreprise, de

---

[1] Il y a monopole quand un produit échappe à la libre concurrence et ne peut être offert que par un vendeur ou un groupe restreint de vendeurs. La loi, la nature et la cupidité créent des monopoles : la fabrication et la vente des allumettes, de la poudre, du papier timbré, sont, en France, des monopoles légaux. La production du vin de Sauterne est un monopole naturel, le Sauterne ne pouvant pas être tiré de tous les vignobles. L'accaparement du blé, du pétrole, de l'acier, par de puissantes sociétés de capitaux (comme, par exemple, les *trusts* des États-Unis), est un monopole créé par la cupidité : on achète toute la quantité existante de telle ou telle marchandise, et on la revend ensuite au prix qu'on veut, puisqu'on a supprimé la concurrence. Ce genre de monopole est le principe de grandes fortunes qu'il serait difficile de juger légitimement acquises.

rétablir l'équilibre rompu, et de rendre leur circulation normale aux richesses que votre cupidité a entassées.

On ne l'a point fait en temps opportun. Des fortunes colossales, plus que princières, telles que les rois les plus puissants n'en possédaient pas de pareilles, se sont concentrées en quelques mains. Il en est résulté l'appauvrissement des masses, et, par suite de cet appauvrissement, leur exaspération.

De là les colères formidables qui éclatent contre les Juifs. On croit qu'elles s'adressent aux Juifs fils d'Abraham, d'Isaac et de Jacob; c'est une erreur. Elles s'élèvent contre les Juifs, fils de Mammon, contre les accapareurs, contre les exploiteurs de la misère des foules. Qu'importe au peuple qu'ils soient baptisés ou circoncis! La haine les poursuit, non pas à cause du Dieu qu'ils adorent, mais des attentats qu'ils commettent.

Les exigences de l'industrie moderne sont une nouvelle cause de l'altération des rapports entre ouvriers et patrons.

Dans l'ancienne industrie, chaque maître dirigeait un petit nombre d'ouvriers. Il les connaissait, s'intéressait à leur sort et à leurs familles;

il les aimait, et le patronat était dans son cœur une paternité. Dans l'industrie moderne, les ouvriers se comptent par milliers. Où est le patron? Je ne vois plus que des actionnaires, paisiblement assis en leurs salons, et qui se bornent à juger du rendement par des circulaires périodiques et à palper les intérêts de leurs capitaux. Quant au chef, au père, les ouvriers ne le voient plus que sous la forme d'un chef d'atelier qui sacre, d'un contremaître qui leur inflige des observations et des amendes, d'un directeur qui, de loin en loin, passe dans leurs rangs, le front haut, la parole brève, le regard sévère. Est-ce assez pour qu'ils se sentent gagnés à cet homme et qu'ils lui donnent des trésors de tendresse?

« L'opinion plus grande que les ouvriers ont d'eux-mêmes et leur union plus compacte » sont des causes nouvelles qui aggravent la guerre sociale.

Sous la poussée continue et victorieuse des idées chrétiennes, ils ont cessé d'être un bien, une chose, un outil, comme dans le paganisme; ils ont pris conscience d'eux-mêmes. Physiquement, ils ne le cèdent pas aux riches : ils ont la même force musculaire, peut-être une force plus grande.

Intellectuellement, ils sont aussi bien doués que les rois. Dieu et la nature ne les ont donc pas établis dans un état d'infériorité. Ils ont compris qu'ils ont les mêmes droits que le reste des hommes, et ils n'ont trouvé ni dans les données de la raison, ni dans celles de l'Évangile, d'objection décisive contre ce sentiment.

Les lois civiles leur ont reconnu ces droits, et, à part quelques injustices qu'elles répriment encore imparfaitement ou qu'elles ne répriment pas, elles les ont protégés.

Pour arriver à corriger ces injustices, d'un pays à l'autre, d'un bout du monde à l'autre, les ouvriers se sont unis. En ont-ils le droit? Évidemment, oui. Comment les en empêcher? Ce serait inique et impossible. Ce serait attenter à un droit et attiser inutilement des haines qu'il est plus sage d'apaiser.

Enfin, « ce qui aggrave le conflit, dit le pape, c'est la corruption des mœurs. »

Comment cela peut-il se faire?

C'est tout simple.

Le vice est ruineux. Que de fois ne ruine-t-il pas le riche, tout en le déshonorant! Il a vite fait d'absorber le salaire de l'ouvrier. C'est qu'il ne peut vivre que par l'or. Tout homme vicieux désire donc l'or, et il le désire dans la mesure où il est vicieux.

Pour l'ouvrier, qui n'est retenu ni par les habitudes de son milieu, ni par les influences d'une bonne éducation, il n'y a qu'une barrière qui contienne les emportements du vice : c'est la religion. Si vous la supprimez, il n'y a plus de frein. Il ne reste qu'une loi, la loi de l'animalité, l'instinct de la bête fauve.

Et si cet instinct est contrarié, il s'irrite, il s'exalte jusqu'à la colère, jusqu'à la fureur; c'est alors que le lion se précipite, avec une rage puissante, contre les barreaux de sa cage, ou que, s'il le peut, il se jette sur sa proie.

Que faire pour résoudre le conflit qui divise les patrons et les ouvriers?

La société a sa méthode : elle fait des lois; elle prépare une police vigilante, des prisons, des bagnes; puis elle s'endort en disant : « Soyons en paix. »

La société se trompe. Elle espère contenir avec des menaces et des pénalités le grand peuple des travailleurs, ne prenant point garde que la force matérielle est impuissante à maîtriser une multitude qui n'a pas de frein moral. Souvenez-vous de ce qui se passa pendant la grande Révolution.

Il y a un siècle, — ce n'est pas bien long, un siècle, dans l'histoire de l'humanité, — le peuple exaspéré aspirait à détruire l'ordre social comme il y aspire aujourd'hui. Il disait : « Plus de corvées ! » comme on dit : « Plus d'impôts ! » « A bas la noblesse, les aristocrates ! » comme on dit : « A bas les patrons et les bourgeois ! » Au peuple on opposa la force ; elle fut renversée. On lui opposa la bonté ; il n'en fut pas touché.

Un seul moyen fut négligé : revenir à Dieu, rapprendre à la multitude l'Évangile qu'elle avait oublié, lui faire comprendre que les doctrines des sophistes ne pouvaient qu'ajouter à sa misère et accroître ses souffrances.

On ne prit pas ce moyen ; soit par dédain, soit par oubli, on ne le prit pas, et quelque temps après le peuple, déchaîné, furieux, secouait de ses puissantes mains l'édifice social et finissait par le jeter à terre. Puis, non content d'avoir fait ces ruines, enivré de vengeance, il les ensanglantait. La guillotine était debout, et les têtes, pêle-mêle : têtes des rois, têtes des puissants, têtes des prêtres, des aristocrates, des bourgeois, tombaient dans le panier sinistre.

A plusieurs reprises, durant le dernier siècle, on a tenté de renouveler ces horreurs; les bêtes fauves de la Révolution sont sorties de leurs antres, la gueule rouge ouverte, les crocs dressés, prêtes à bondir. Les balles et la mitraille les y ont fait rentrer, — et aujourd'hui nous disons : « C'est fini. »

Je ne suis pas prophète, ni ne désire l'être en ces tristes jours. Mais je ne crois pas que nous puissions dire : « C'est fini. » Il est facile de voir que de nouveau le peuple s'agite comme le lion qui a faim, et qu'il est pressé de se ruer encore au carnage. Aujourd'hui comme jadis, des agitateurs politiques enflamment les passions de la multitude, des rêveurs font briller à ses yeux de chimériques espérances, des ambitieux gagnent ses sympathies en se drapant dans le manteau du bien social; aujourd'hui comme jadis, les travailleurs sont irrités, exaspérés contre toute autorité légitime; aujourd'hui comme jadis, les classes élevées sont bonnes, dévouées, mais imparfaitement chrétiennes, amies du plaisir, et elles ne songent pas à faire à Dieu un appel décisif.

Et si les mêmes causes doivent produire les mêmes effets, si la foule irritée et meurtrie de ceux qui gagnent leur pain vient à se déchaîner, plus heureux que vos pères, l'arrêterez-vous? En triompherez-vous?

Oui, si Dieu est vraiment avec vous. Sinon, préparez-vous à mourir.

Mettez donc Dieu avec vous.

Malgré tous les pronostics contraires, malgré la gravité du mal, vous pouvez être sauvés; mais à deux conditions : la première, c'est que vous rendiez à l'ouvrier sa vieille foi, que vous remplaciez dans son intelligence les doctrines creuses dont on l'a saturé, par la doctrine catholique, que vous arriviez promptement à imprégner le travailleur de la connaissance de Dieu et de son amour. La seconde, — mes frères, écoutez-moi bien, — c'est que vous arriviez promptement à vous imprégner vous-mêmes de cette connaissance et de cet amour, vous qui formez les autorités sociales, que vous renonciez à établir une alliance impossible entre vos mondanités et la religion, que vous n'amoindrissiez pas notre foi pour la mettre en harmonie avec votre égoïsme et vos passions, que vous cessiez d'être des demi-chrétiens pour devenir de vrais chrétiens, de vrais fils de l'Évangile, de vrais serviteurs et des apôtres de Jésus-Christ.

II

Nous avons vu le mal, nous en avons étudié les causes ; il importe d'en chercher les remèdes.

Un écrivain caustique, mais observateur avisé, a dit : « Arrêtez le premier Français venu dans la rue; demandez-lui comment il faut gouverner la France, même l'Europe; il vous répondra : il a son système tout prêt. »

Elles sont nombreuses, en effet, les méthodes qu'expose l'économie sociale; chacune a ses partisans qui la tiennent pour la seule panacée victorieuse.

Nous avons, nous, catholiques, notre système aussi pour parer aux dangers de la question sociale. Je le crois excellent, le seul excellent, le seul efficace. Je puis l'exposer sans prétention, car il est tiré tout au long de l'Évangile.

Il vous demande de résoudre la question des rapports entre patrons et ouvriers, non pas dans le monde, non pas même en Europe, mais autour de vous, partout où atteindra votre cœur, en faisant rentrer la religion dans les âmes.

Les divisions présentes, nous l'avons vu, sont le fruit de l'irréligion. Devenu impie, sans foi, sans espérance, l'ouvrier s'irrite, s'exaspère. Le patron s'endurcit; livré à l'égoïsme, il ne voit plus que son intérêt propre; pour le réaliser, il dépasse toute mesure et broie le faible. Le salut de l'ouvrier, le salut du patron, le salut de la société est donc dans le retour aux principes religieux.

Or il appartient au prêtre de prêcher les principes religieux. C'est vrai, et je n'y contredis pas. Prêcher les principes religieux, enseigner à tout venant ce que nous avons appris, c'est notre mission, et nous sommes prêtres dans la mesure où nous la remplissons. Mais ce soin n'incombe pas au prêtre seulement; il incombe à tout catholique. Or mes contemporains n'ont-ils pas une tendance marquée à se désintéresser de ce devoir, et leur apostolat ne se borne-t-il pas le plus souvent à nous regarder faire?...

Et cependant, vous aussi, vous devez prêcher la loi religieuse et ses principes, par vos paroles, par votre influence, par vos exemples. Vous le devez au bien public et au bien de ceux qui travaillent pour vous. Écoutez, je traduis saint Paul : « Si quelqu'un d'entre vous vit sans se soucier des siens et surtout de ses domestiques, il a renié la foi, *fidem negavit ;* il est pire qu'un infidèle, *est infideli deterior.* »

Direz-vous que saint Paul a outré les choses, qu'il a exagéré la doctrine de Jésus ? Quand il s'agit d'un prédicateur, cet argument nous met facilement à même d'échapper aux influences d'une parole qui nous semble gênante ; mais nous ne saurions sans doute en faire usage avec le même succès contre les enseignements de saint Paul.

Et cependant je voudrais bien savoir ce que font un trop grand nombre de patrons pour le bien moral, pour l'âme de leurs ouvriers ? A peu près ce qu'ils font pour les bêtes de somme qu'on emploie ou pour les machines qu'on active dans leur usine.

Les paroles, si persuasives qu'elles soient, ne suffisent pas à remplir ce devoir ; il faut y mettre des exemples. Un économiste célèbre [1] a dit que toute la solution de la question sociale réside

[1] Le Play.

dans l'observation des commandements de Dieu. Il est évident que si tout le monde observait la loi divine, la terre redeviendrait un Éden. L'ouvrier serait probe, laborieux, docile, économe, dévoué; le patron serait juste, charitable, généreux; ils tiendraient l'un et l'autre pour sacrés leurs droits mutuels. Ce qui importe, c'est donc que l'ouvrier connaisse et observe la loi divine; mais c'est d'abord que ceux-là se mettent résolument à la pratiquer, d'où doit descendre l'exemple. La loi religieuse prêchée ne peut rien pour dompter l'égoïsme et apaiser les haines. C'est la loi religieuse observée, pratiquée, qui est nécessaire. Ce qu'il faut, c'est donc que les patrons, les riches, sachent courageusement mettre en œuvre cette loi rédemptrice, qu'ils s'oublient, ne reculent pas devant le sacrifice, qu'ils cessent de s'en tenir à un christianisme d'étiquette, sans profondeur, sans influence sur le gouvernement de la vie, pour pratiquer le christianisme intégral.

Si les patrons pratiquent le christianisme intégral, ils aimeront leurs ouvriers : car c'est le précepte fondamental, et je n'en vois point qui se détache mieux dans l'Évangile.

Je ne vous citerai qu'un passage de ce livre sacré. Il y faut revenir sans cesse : cette seule parole est la clef de toutes les difficultés qui divisent les capitalistes et les travailleurs.

« Maître, demandait à Jésus un des docteurs de la loi, quel est le plus grand des commandements? »

Jésus dit : « Vous aimerez le Seigneur votre Dieu de toute votre âme. Voilà le plus grand et le premier commandement. »

Et sans attendre une question nouvelle, il ajouta : « Le second est aussi grand que le premier : Vous aimerez vos frères comme vous-même. »

Ces quelques paroles valent mieux infiniment que tous les cours d'économie sociale. Il n'y a pas de savant, ni de tribun et d'agitateur politique, qui ait trouvé une meilleure et plus sublime formule. Sa réalisation mettrait fin à toutes les injustices, à toutes les rancunes, à toutes les divisions; elle ferait de ce monde, livré à la haine, un séjour enchanté où le premier souci de tout homme serait de travailler au bonheur de son prochain.

Pensez à la gravité de ce précepte. Imbus que nous sommes des idées évangéliques, nous le trouvons tout simple. Mais si vous l'entendiez promulguer pour la première fois, c'est pour de bon, assurément, que vous me diriez socialiste et que vous m'accuseriez de pousser jusqu'à des limites extrêmes la partialité en faveur de l'ouvrier. Cet ouvrier, ce petit, ce plus petit d'entre tous, c'est votre frère; plus encore, c'est Dieu, Dieu incarné dans une chair souffrante. La nature humaine m'avait dit : « L'ouvrier est ton égal; aime-le comme ton égal. » Ce n'était pas assez. Le Christ est allé plus loin par ce commandement qui fait peur, qu'on ose à peine répéter.

O Christ, qui avez fait entendre, au sein de l'égoïsme antique, ce langage rédempteur, vous qui, par ces mots sacrés, avez relevé les humbles de leur état d'abjection et de servitude, redites ici votre précepte, redites-le, et qu'il pénètre ces âmes jusqu'en leurs profondeurs : « L'ouvrier, c'est moi, votre Dieu ! Ce que vous faites à l'ouvrier, vous le faites à moi, votre Dieu ! Ce que vous lui refusez, vous le refusez à moi, votre Dieu ! »

Voilà la doctrine catholique, ce qu'elle dit très haut en se retournant vers le riche. Si vous la regardez de près, vous verrez qu'il n'y a pas de socialisme, de collectivisme, de doctrine humaine qui l'égale en audace et en netteté.

Si vous aimez l'ouvrier, si vous voulez en être les pères, non les maîtres ou les exploiteurs, vous vous intéresserez à tout ce qui peut améliorer son sort, et vous favoriserez toutes les entreprises qui ont pour but d'accroître son bien-être.

Longtemps, trop longtemps, les catholiques n'ont pas pris une part assez prépondérante à ces généreuses tentatives. Les grèves sanglantes, les violences auxquelles de coupables agitateurs ont poussé la classe ouvrière avaient compromis aux yeux des âmes les plus dévouées la plus sainte des causes. Il est temps de revenir entièrement aux habitudes de nos origines et d'apparaître à tous comme les protecteurs nés de ceux qui souffrent, de donner l'exemple de toutes les concessions possibles aux travailleurs, de ne plus repousser en bloc toutes leurs demandes.

Prenons-y garde : l'ouvrier qui s'adresse à nous, ce n'est pas seulement l'ouvrier révolté, débauché, l'anarchiste, le professionnel de la grève ; c'est l'ouvrier honnête, laborieux, loyal, qui veut obtenir le respect de ses droits, de tous ses droits, sans léser les droits du patron.

Que demande-t-il? Non pas de nationaliser tous les biens, d'en faire une égale répartition, de détruire de fond en comble l'ordre social et de le rétablir sur d'autres bases; ce serait un crime ou une utopie. Ses désirs sont plus sensés et moins irréalisables.

Il vous demande d'établir une proportion équitable entre son salaire et son travail, de fixer un minimum de salaire[1], de ne pas violer les règlements sur la durée du travail, de traiter en toutes choses avec l'ouvrier comme un homme doit traiter avec son semblable, ou plutôt un chrétien avec son frère.

Il est même arrivé qu'il a demandé une participation aux bénéfices. Ni la charité, ni la justice ne sauraient condamner ce désir. Il est d'une exécution difficile, j'en conviens; mais tant de patrons catholiques ont déjà résolu ce problème avec un tel succès, qu'il est bien permis de croire que les patrons libres penseurs pourront les imiter,... quand ils le voudront bien.

Cette réforme décisive ne réconcilierait-elle pas le capital et le travail? Ne rendrait-elle pas

---

[1] Le minimum de salaire serait une limite au-dessous de laquelle la loi ne permettrait pas que le salaire descendît. Cette mesure, sur laquelle on a beaucoup discuté, protégerait l'ouvrier contre l'exploitation; mais il est facile de voir qu'elle ne saurait être établie sans difficultés : le minimum de salaire ne pourrait pas être le même pour toutes les professions. Il devrait être réglé sur le coût de la vie, et certaines professions obligent à dépenser plus que d'autres, soit pour la nourriture, soit pour le vêtement.

désormais impossible l'antagonisme des ouvriers et des patrons, dont les intérêts seraient ainsi confondus?

En tout cas, la morale chrétienne ne s'oppose pas à cette institution; elle l'encourage plutôt et elle la bénit, puisqu'elle encourage et bénit, dans le riche, le sacrifice et la charité.

Tous les catholiques ne sont pas en situation d'avoir une influence considérable dans les entreprises qui se proposent d'améliorer la situation des ouvriers; mais tous peuvent et doivent ne pas profiter de ses besoins, du chômage, de la concurrence, pour lui imposer des salaires de famine.

Cela, Dieu même a pris la peine de le leur défendre, et la Bible, la vieille Bible nous l'apprend à chaque page. A chaque page, elle nous fait entendre le cri de Dieu en faveur du faible.

« Vous ne refuserez pas le salaire du besogneux et de votre frère pauvre; mais le jour même, avant que le soleil ne se couche, vous lui rendrez le prix de son travail, parce qu'il est pauvre et qu'il en a besoin pour soutenir sa vie... Prenez garde qu'il ne crie à Dieu contre vous[1] ! »

---

[1] *Deut.*, xxiv, 14 et 15.

« Celui qui répand le sang et celui qui enlève le salaire de l'ouvrier sont frères à mes yeux[1]. »

« Le pain de l'ouvrier est le pain du pauvre. Celui qui le vole est un homme de sang[2]. »

« Si, poussé par le besoin, un de vos frères, — l'Écriture ne trouve pas que ce soit assez d'appeler l'ouvrier : camarade, ou même de l'honorer du nom de citoyen ; elle veut que les rois eux-mêmes le nomment : mon frère ; — si, poussé par le besoin, un de vos frères se vend à vous, ne l'écrasez pas comme un esclave ; qu'il soit votre ouvrier, mais ne l'affligez point par votre puissance. Prenez garde ! Ce sont mes serviteurs[3]. »

« Si vous achetez à un de vos frères ou si vous lui vendez, ne l'attristez point ; mais que vos prix soient justes[4]. »

La loi nouvelle, plus encore que l'ancienne, nous impose le devoir de ne pas frustrer l'ouvrier d'un salaire équitable. Elle nous ordonne de le traiter comme un frère, par conséquent, non plus seulement avec justice, mais avec une généreuse charité.

---

[1] « Qui effundit sanguinem et qui fraudem facit mercenario fratres sunt. » (*Eccl.*, II et seq.)

[2] « Panis egentium vita pauperum est : qui defraudat illum homo sanguinis est. » (*Eccl.*, XXIV.)

[3] *Lév.*, XIX, XXV, XXXIX.

[4] *Lév.*, XXV, 14.

Catholiques, mettez en pratique ce commandement, base du christianisme. Quelle que soit votre position sociale, la nécessité vous met souvent en rapport avec l'ouvrier. Si vous n'avez pas à traiter avec une multitude de travailleurs dans une usine ou dans un atelier, vous avez des relations inévitables avec les divers corps de métier : dans votre magasin, avec des employés; dans votre maison de couture, avec des brodeuses, des lingères; en maintes occasions enfin, avec des petits et des humbles qui vous portent le secours de leurs bras. Quand vous fixez leur salaire, je ne vous demande pas d'être justes; cela, c'est votre devoir rigoureux, c'est leur droit absolu; allez plus loin, songez que vous avez affaire à votre frère et ne l'affligez point : *Ne contristes fratrem tuum.* Songez que vous avez affaire à Jésus-Christ, et que, si vous exploitiez l'ouvrier, parce que le chômage ou la concurrence vous l'ont livré à merci, ce serait Jésus-Christ que vous exploiteriez. Et alors, par amour pour votre frère, par amour pour Dieu, vous ne serez ni durs ni égoïstes, vous ne serez pas seulement justes, vous serez donnants et généreux...

Ne pas imposer à l'ouvrier un salaire de famine, rémunérer son travail avec justice, même avec bonté, c'est bien; mais ce n'est pas assez. C'est un devoir social de verser sans retard le salaire qui a été gagné.

Hélas! c'est trop souvent un devoir oublié. Sous le prétexte le plus futile, pour éviter un dérangement insignifiant, on fait revenir deux et trois fois l'humble créancier qui comptait sur une rentrée certaine. Il n'ose se plaindre, le malheureux! La concurrence est effrénée, et il perdrait sa clientèle. Il dévore donc en silence son humiliation et son chagrin.

Mais le patron qui les lui impose se rend coupable de dureté, et la loi divine le condamne. « Tu ne devais pas, dit le Lévitique, faire attendre au journalier le prix de sa journée jusqu'au lendemain [1]. » — « Vous avez amassé contre vous, dit l'apôtre saint Jacques, des trésors de colère pour le dernier jour : le salaire que vous n'avez pas payé crie contre vous, et cette clameur est entrée dans les oreilles du Tout-Puissant [2]. »

Encore une fois, le monde ne pense pas toujours ainsi, et il ne se gêne guère pour imposer

---

[1] « Non morabitur opus mercenarii tui apud te usque mane. » (Lév., XIX, 13.)
[2] Jac., V. 1-4.

à l'ouvrier tous les retards que désire le caprice ou la cupidité.

Ces retards sont toujours une indélicatesse, et ils peuvent devenir une injustice contre l'homme, ouvrier ou marchand, dont l'existence est précaire. S'il n'a pas de réserve, — et combien de familles ouvrières subsistent au jour le jour! — de quoi vivra-t-il tandis que vous détenez ce qui lui appartient? S'il en a, de quel droit l'obligez-vous à la consommer? Dans les deux cas, pourquoi lui imposez-vous une gêne, peut-être une souffrance?

Il est donc contraire à toute équité naturelle comme à toute religion de ne payer ses notes qu'à des époques reculées. Et pourtant, dans notre société fort oublieuse des délicatesses que la foi inspirait à nos pères, n'est-ce pas la coutume? Il y a tant de gens qui la suivent, que si la mode venait à s'établir, a-t-on dit, d'attacher aux vêtements neufs la facture, ordinairement elle ne serait pas acquittée, et je crois même que bon nombre de parures déjà défraîchies et de toilettes fanées auraient encore leur étiquette.

Aimer l'ouvrier, payer son travail largement et sans retard, désirer l'amélioration de son sort et y travailler, c'est beaucoup; ce serait peu, si vous ne faisiez pas ce qui donne à ces dévouements leur fécondité, si vous ne traitiez pas directement et personnellement avec l'ouvrier, si vous n'alliez pas à lui.

Il est assez ordinaire que les gens de qualité ne se commettent pas avec les ouvriers. N'ont-ils donc pas un gérant, un valet de pied, gens dociles et humbles, dont la fonction est de transmettre des ordres?

Cette coutume antichrétienne est cause, pour une très grande part, des divisions sociales dont nous souffrons.

Je sais que beaucoup de patrons, beaucoup de fortunés sont bons, généreux, prompts à la pitié. Ils viennent en aide à toutes les misères qui les entourent; ils répondent à tous les cris de détresse, et je dois, pour ma part, leur rendre le témoignage que je n'ai jamais fait appel à leur bourse sans qu'elle s'ouvrît en faveur des malheureux.

D'où vient donc qu'un si grand nombre d'ouvriers regardent les riches comme des hommes durs, égoïstes, rapaces, sans entrailles, incapables d'un mouvement généreux et d'un acte de bonté?

D'où vient qu'ils les ont en aversion et qu'ils

méditent contre eux de sanglantes vengeances?

Vous ne pouvez donner à cet état d'esprit qu'une explication : ils ne les connaissent pas.

Vous n'allez pas jusqu'à l'ouvrier; vous n'avez avec lui aucun contact sérieux; vous ignorez l'escalier de sa mansarde; vous n'entrez pas dans sa chaumière; vous ne vous asseyez pas sur sa chaise de paille, devant sa table de bois nu. Et quand il est sous votre toit, qu'il répand ses sueurs pour vous, c'est par des domestiques que vous lui donnez vos ordres. Vous allez bien voir vos terres et vos chevaux, et vos chiens, que vous caressez même. Mais l'ouvrier, quand vous voit-il? Quand se sent-il votre frère? Ah! il vous voit, mais c'est quand vous passez dans votre équipage rapide, et lui marche nu-pieds sur les cailloux. Il vous voit, mais c'est à travers vos croisées brillantes, dans le tourbillonnement de vos fêtes, dans la splendeur de vos salons, et lui n'a qu'un taudis humide, mal éclairé, mal aéré, moins confortable que vos chenils et vos étables. Il vous voit, mais c'est dans la rue, mesdames, quand resplendissent vos toilettes brillantes, vos dentelles, la soie de vos robes, l'or de vos bijoux, et lui n'a que des vêtements sordides, et il sent dans ses entrailles l'aiguillon de la faim. Il va bien quelquefois jusqu'à votre demeure ; mais c'est un laquais qui le reçoit, le front haut, l'air maussade, la parole sèche et brève, et qui le laisse là, tout timide, tout honteux, tout tremblant, sur le seuil, devant la porte close.

Ne dites pas que je dépasse toutes les bornes, que je demande des choses excessives, que j'incline manifestement vers le socialisme, — et tout le reste que nous connaissons. Le socialisme, c'est bien autre chose, et vous n'ignorez pas, en somme, que tout ce que je veux, tout ce que je souhaite, c'est remplacer en vous les doctrines du monde par celles de Jésus-Christ, faire pénétrer dans les âmes des sentiments plus évangéliques, y mettre plus de justice et de vérité. Je suis autrement modéré que l'Évangile. Ah! il est bien oublié, l'Évangile, depuis qu'on en cherche l'interprétation, non pas sur les lèvres de l'Église et du sacerdoce catholique, mais dans les journaux du boulevard, il est bien oublié; et je crois fort que vous jugeriez digne d'être lapidé tout prêtre qui, en ce difficile problème, irait aussi loin que ce livre terrible.

« S'il entre dans vos réunions, dit l'apôtre saint Jacques, un homme portant un anneau d'or au doigt et un vêtement riche, et, en même temps que lui, un pauvre dans ses haillons, et que vous disiez au riche : « Asseyez-vous à la première place, » et que vous disiez au pauvre : « Vous, demeurez là, » ou bien : « Asseyez-vous sur cet escabeau, à mes pieds, » frère, vous vous êtes condamné vous-même, vous avez accompli le péché, et la loi vous repousse comme un violateur[1]. »

Cela est fort, et beaucoup estimeraient sans doute que l'apôtre saint Jacques aurait été un bien mauvais professeur de politesse. C'est de l'Évangile cependant, c'est-à-dire la parole de Dieu, et je ne fais qu'en traduire l'enseignement.

Après tout, je comprends sans peine que l'Évangile ait tenu ce langage, qu'il insiste sur ce devoir : traiter avec l'ouvrier, voir l'ouvrier, vous faire connaître de lui tels que vous êtes : bons, justes, généreux, bienfaisants, ce serait le remède spécifique de nos maux, la réponse efficace à toutes les diatribes des tribuns, le moyen de conquérir le respect et l'affection des prolétaires et de les détourner des aventuriers qui les trompent et qui exploitent leur crédulité.

C'est un prétexte courant de dire que le temps manque pour l'exercice d'une telle charité.

---

[1] *Ép. S. Jac.*, c. II, v. 2 et seq.

Mon Dieu, il est incontestable qu'il y a une foule de personnes extrêmement occupées; mais les saints, des rois, des reines, qui se mettaient en contact chaque jour avec les petites gens, étaient occupés aussi, jamais au point de manquer de temps.

Ce qui est vrai, c'est qu'on gâche communément beaucoup de temps, qu'on l'emploie à ne rien faire ou à faire des riens. A parler franchement, qu'est-ce que la vie d'un grand nombre? Un désœuvrement presque continuel. Pour leur maison, ils ont un intendant; pour leurs terres, ils ont des fermiers ou des régisseurs; pour leurs chevaux, ils ont des valets; ils ont des veneurs pour leurs chiens; ils ont des précepteurs pour leurs fils; pour leur portefeuille, ils ont des notaires ou des banquiers. Et eux, que font-ils? Ils vont au cercle, ils chassent, ils mènent le cotillon tout le carnaval et une grande partie du carême, et ils attendent ainsi l'heure où la fête sera finie.

Est-ce la vie d'un chrétien, cela, d'un chrétien qui doit être inspiré par le dévouement, dont la charité veut être conquérante, dont le cœur a besoin de se sacrifier pour Dieu et pour l'humanité, dont les bras enlacent l'univers?

Il y a un empêchement plus sérieux aux rapports directs du patron avec les ouvriers, surtout dans la grande industrie.

Autrefois un patron n'employait qu'un petit nombre d'ouvriers. Aujourd'hui, dans la même usine, ils sont mille, dix mille parfois, véritables légions embrigadées comme des régiments, avec toute une hiérarchie de chefs. Comment connaître et aimer cette foule?

Supposons, pour un moment, qu'il n'y ait qu'un ouvrier, et que vous en êtes le maître. Quelle sera votre manière d'être envers lui?

Si cet ouvrier, votre ouvrier devient malade, le ferez-vous soigner? — Il est pauvre et vous êtes riche, fort riche. Oui, vous le ferez soigner.

Pendant ce temps, laisserez-vous sa femme sans pain, ses enfants sans instruction, sans surveillance, sans nourriture? Non, assurément; vous veillerez à ce que sa famille souffre le moins possible de son absence, tout au moins à ce qu'elle ait du pain.

Si vous voyez que cet homme incline à devenir victime de vices ou de doctrines malfaisantes, vous désintéresserez-vous de lui au point de ne pas le prémunir contre le danger, de ne pas le rappeler au respect de sa dignité et au sentiment de son devoir? Vous le protégerez contre le mal, vous veillerez sur sa moralité, vous ferez office de père envers lui.

Quand il aura vieilli à votre service, le renverrez-vous, le chasserez-vous comme une bête de somme désormais inutile? Non, assurément, vous ne chasserez pas ce vieillard sans ressources.

Vous iriez plus loin encore dans la bonté : cet ouvrier, votre ouvrier, vous ne voudriez pas l'accabler par un travail excessif, ni spéculer sur ses sueurs, ni lui donner un salaire de famine?

Eh bien, vos ouvriers sont mille, et le patron est cette entité abstraite qui s'appelle la Compagnie. Que devra-t-elle faire?

Exactement ce que vous faisiez pour un seul ouvrier. Elle réunira en un total toutes ces fractions d'amour, et elle en fera sortir tout un ensemble d'institutions bienfaisantes qui prouveront à l'ouvrier le dévouement du maître : écoles, caisses de secours, caisses d'assurances contre le chômage ou la maladie, pensions pour la vieillesse ou les enfants orphelins, œuvres d'assistance aux ouvriers blessés ou infirmes, conseils de conciliation. Elle s'intéressera au sort moral des ouvriers, procurera l'instruction à leurs enfants, les soustraira à l'influence de la mauvaise presse, des sociétés secrètes, de l'anarchie, les protégera contre l'alcoolisme et la dépravation.

Et alors l'ouvrier cessera de s'irriter contre le maître invisible qui ne lui apparaîtra plus sec, indifférent, sans entrailles. Il cessera de haïr son usine comme un bagne où il est obligé de traîner son boulet; il commencera à l'aimer comme un foyer où l'on trouve tous les bienfaits de la famille.

Le devoir d'un patron chrétien, la nature le lui impose bien plus encore que la foi, c'est de ne pas admettre dans son usine, son atelier, son magasin, des enfants voués à un travail qui brise leur santé et qui en fait pour toujours des êtres chétifs et amoindris.

C'est un usage de plus en plus accrédité dans notre société semi-païenne d'appliquer les enfants à des travaux accablants, au grand détriment de leur formation physique et de leur éducation morale.

> Où vont-ils, ces enfants dont pas un seul ne rit ?
> Ces doux êtres pensifs que la fièvre maigrit,
> Ces filles de huit ans qu'on voit cheminer seules ?
> Ils s'en vont travailler. . . . .
> . . . .
> . . . . . . Tout est d'airain, tout est de fer.
> Jamais on ne s'arrête et jamais on ne joue.
> Aussi, quelle pâleur ! La cendre est sur leur joue.

Il fait à peine jour, ils sont déjà bien las.
Ils ne comprennent rien à leur destin, hélas!
Ils semblent dire à Dieu : « Petits comme nous sommes,
Notre Père, voyez ce que nous font les hommes. »

Des enquêtes ont révélé qu'en plein pays civilisé, en plein pays de France, il s'est trouvé des usines et des ateliers où de pauvres petits travaillaient ainsi dix heures, douze heures par jour. Je n'ai pas besoin ici de faire appel à la religion; la nature condamne assez haut ces attentats, et élève contre leurs auteurs des protestations indignées.

Quant au travail des femmes, on a demandé des lois aussi pour l'interdire; mais on n'en voit pas au même degré la nécessité. Quand le mari gagne deux francs par jour et qu'il en faut quatre pour faire subsister la famille, comment avancer que l'entrée de l'usine ou de l'atelier doit être défendue à la femme?

Mais il appartient à un patron chrétien de lui interdire les travaux où sa santé serait menacée, où sa vertu serait compromise, de conjurer les dangers et de réprimer les abus.

Il appartient aux patrons de se souvenir que leurs ouvriers, leurs ouvrières ne sont pas des machines créées pour enrichir les hommes, mais des âmes créées pour glorifier Dieu, des âmes immortelles dont ils porteront devant le juge souverain la responsabilité.

Qu'ils organisent donc leurs usines dans des conditions honnêtes et chrétiennes. Qu'ils ne permettent pas qu'on en fasse de mauvais lieux, où filles, femmes, sont jetées pêle-mêle avec les ouvriers, et quels ouvriers! Elles sont livrées à la promiscuité la plus dangereuse : ce sont des contremaîtres qui les admettent, qui leur enseignent la tâche à remplir, qui les initient au travail, qui déterminent leur salaire, qui l'abaissent ou l'augmentent, qui infligent les amendes pour les absences ou les malfaçons. Et s'ils sont vicieux, ne voyez-vous pas le parti qu'ils peuvent tirer de ce pouvoir et de ces facilités, et ne devinez-vous pas aisément les drames qui se déroulent dans ces murs, où l'on vend quelquefois si chèrement à une pauvre mère le pain de ses enfants?

Il appartient à un patron chrétien de veiller à ce que ses ouvriers ne soient pas livrés aux influences malsaines, qu'il s'agisse de l'influence des syndicats et des loges, ou de celle d'une presse licencieuse ou révolutionnaire, ou de l'influence de ces bouges innomés qui pullulent d'ordinaire autour des grandes agglomérations de travailleurs, et où l'alcool et l'immoralité les sollicitent sans cesse.

Il lui appartient surtout de prendre les mesures nécessaires pour que l'ouvrier dispose de son dimanche. C'est un devoir rigoureux, et c'est un devoir bien méconnu. Beaucoup de négociants retiennent leurs employés toute la journée du dimanche, tout au moins jusqu'à deux ou trois heures de l'après-midi. Beaucoup d'industriels ne laissent chômer leur personnel que les jours de fête ou pendant la soirée du dimanche.

Cette conduite est très grave; elle n'implique pas seulement un attentat contre les droits de Dieu, mais aussi contre l'âme et contre la santé de l'ouvrier. C'est un fait incontestable qu'un travail sans merci brise les forces de l'homme le plus robuste et le condamne à des infirmités précoces et à une mort prématurée. Il l'oblige en même temps à l'oubli des obligations les plus essentielles, au mépris de Dieu et à l'athéisme pratique; il lui enlève toute liberté et l'abaisse au rôle d'un animal ou d'une machine. Quelle liberté ont ces employés de vos maisons de commerce, ces milliers d'ouvriers de vos ateliers et de vos usines?

Est-ce la liberté d'obéir à leur conscience et aux lois de leur religion? Non, ils ne l'ont pas.

Est-ce la liberté de jouir de la vie de famille, des douceurs de la tendresse paternelle et conjugale? Non, ils n'ont pas cette liberté.

Est-ce la liberté indispensable à l'entretien de leurs forces et à la conservation de leur santé? Non, non; ils brisent leurs forces et ils compromettent leur santé. Pour accroître un gain matériel, vous enserrez, vous broyez dans un engrenage de fer toutes les libertés les plus nécessaires et les plus saintes. Le sang des petits crie vers le Ciel contre la cupidité qui impose à des hommes cette servitude, et il est de fait que ces attentats appellent un jour ou l'autre sur une entreprise les malédictions de Dieu.

Vous le voyez, il n'y a qu'une solution aux divisions qui troublent les rapports des ouvriers et des maîtres : c'est la solution chrétienne ; c'est qu'on rende la religion aux uns et aux autres; que tous pratiquent le commandement divin : « Aimez-vous les uns les autres; aimez les autres autant que vous-mêmes. Ne faites pas à autrui ce que vous ne voudriez pas qu'on vous fît. »

La conscience vous ordonne d'être justes. Ce n'est pas assez; un catholique ne doit pas s'enfermer dans ces limites étroites. Qu'il soit charitable pour les humbles et les petits; qu'il les serve, parce que le Christ, son Maître, les a servis tout le premier; qu'il sache se sacrifier pour eux, parce que le Christ s'est sacrifié pour eux jusqu'à la mort.

Tel est le principe, et telles, les conditions de la paix.

Au milieu des discordes qui nous déchirent, des haines qui s'enflamment de plus en plus, nous appelons de tous nos vœux cette paix bienfaisante; nous en disons à tous la douceur et la nécessité.

Qui nous la donnera?

Ce ne sera ni le socialisme, ni le collectivisme, ni aucune des doctrines subversives que prônent les agitateurs. Ce sera l'Église, parce que seule elle commande l'amour.

Catholiques, voulez-vous donner à notre génération tourmentée ce bien incomparable? Voulez-vous apaiser les conflits, réconcilier dans un respect mutuel de leurs droits les membres d'une même famille? Voulez-vous mettre la paix et l'amour entre les patrons et les ouvriers?

Faites chrétiens et les ouvriers et les patrons.

Avant tout, soyez chrétiens vous-mêmes.

Nourrissez-vous du Christ et de sa religion, et voici ce qui se passera dans vos âmes.

Mes frères riches, une force y naîtra, qui, tempérant en vous l'égoïsme natif de l'homme, adoucissant les duretés de la nature, vous poussera au sacrifice et au dévouement. Par charité, sinon par justice, vous vous déciderez à être bons jusqu'à la privation, à faire, si c'est possible, les assiettes un peu plus petites, afin que tous puissent s'asseoir à la table commune; vous vous souviendrez que les travailleurs sont vos frères, des fils de votre Dieu, et vous les traiterez avec des sentiments dignes de leur condition.

O mon frère ouvrier, dans ta pauvre âme meurtrie une force naîtra, qui te fera modérer tes désirs, ne pas demander plus qu'il ne peut t'être donné, qui t'inspirera du respect et de la reconnaissance pour ceux dont la Providence aura fait auprès de toi les auxiliaires de sa bonté.

En dehors de cela il n'y a pas d'issue.

Que n'avez-vous pas tenté? Vous avez renversé les rois, et leur tête est tombée sous le couteau; vous avez détruit les dynasties; vous avez ameuté le peuple et bouleversé les sociétés par des révolutions sanglantes. Eh bien, rien n'y a fait; rien n'y fera.

Patrons, ouvriers, il n'y aura pas de réconciliation pour vous, il n'y aura jamais de paix hors des voies que le Christ a tracées.

Malheur aux riches qui les abandonnent! L'émeute les guette comme une proie. Ils seront dépossédés. Ils passeront par le feu.

Malheur aux ouvriers qui s'en écartent! La force matérielle tentera de les accabler. Ils seront opprimés. Jusque dans leurs victoires, pires que des défaites, ils seront esclaves ou menacés de l'être.

Laissez là les théories creuses qui ont attisé vos haines au lieu de les apaiser, aggravé vos maux au lieu de les guérir.

Patrons, ce qu'il vous faut, c'est plus de charité, plus d'amour, plus d'esprit de sacrifice, plus de grandeur d'âme, c'est-à-dire plus de religion. Ce qu'il vous faut, ouvriers, c'est plus de religion aussi, puisque c'est plus de patience, de résignation et de vertu.

Mes frères, venez tous à votre Dieu et réconciliez-vous dans la connaissance et le respect de sa loi. Vous ne trouverez jamais la concorde et le salut qu'en Celui qui est votre sauveur et votre ami, la vérité absolue, la justice parfaite et l'infinie bonté, Notre-Seigneur Jésus-Christ.

TABLE DES MATIÈRES

L'encyclique *Rerum novarum*. — L'Église et l'ouvrier dans tous les temps, dans le temps présent. . .   5 - 9

Le patron, l'ouvrier. — Ce que sont leurs rapports en notre temps. — Cause des divisions qui existent : l'affaiblissement ou la ruine des principes religieux. — Résultats pour l'ouvrier de la perte de la foi : inintelligence des raisons qui rendent nécessaires les inégalités sociales; haines de ceux qui possèdent; vice et libertinage, amour de la jouissance. — Résultats pour le patron de la perte de la foi ou de son amoindrissement : dureté envers l'ouvrier; disproportion du salaire avec le travail : les dentellières de Livradois; les fortunes colossales; absence de rapports avec l'ouvrier. — A quoi peut mener ce conflit?   9 - 38

Comment rétablir entre patrons et ouvriers les rapports qui doivent exister ? En rendant aux uns et aux autres l'Évangile. — Si les patrons connaissent et pratiquent le christianisme, ils aimeront l'ouvrier; ils n'en seront jamais les exploiteurs; ils protégeront en toutes choses ses intérêts; ils ne lui imposeront pas un salaire de famine; ils lui donneront sans retard le salaire convenu; ils traiteront directement et personnellement avec l'ouvrier; ils n'emploieront pas les enfants qui n'ont pas l'âge légal;

ils interdiront à la femme un labeur exagéré ou accompli dans des conditions immorales; ils accorderont à l'ouvrier le repos du dimanche 38-62

La paix, sa nécessité et sa douceur. — Conclusion . . 62-66

P. LETHIELLEUX, ÉDITEUR, 10, RUE CASSETTE, PARIS

DU MÊME AUTEUR

| Questions religieuses et sociales du temps présent | Le découragement des catholiques.
L'apathie des catholiques.
Le sensualisme contemporain.
L'or.
Riches et pauvres.
Patrons et ouvriers.
Maîtres et serviteurs. |

Un volume in-12. . . . . 3 50

| Divinité de l'Église
Conférences apologétiques | État actuel de l'Église.
Unité de l'Église.
Sainteté de l'Église.
Catholicité de l'Église.
Influences sociales de l'Église.
Histoire de l'Église.
L'Église et la science.
L'Église et la charité. |

Un volume in-12. . . . . 3 50

| Constitution de l'Église
Conférences apologétiques | Organisation sociale de l'Église.
Le Pape et l'Évangile.
Le Pape et l'Histoire.
Le Pape et la force matérielle.
Le Pape et la force intellectuelle.
Stabilité du pouvoir pontifical.
Autorité du Pape.
Infaillibilité du Pape.
L'Épiscopat.
Le Clergé catholique.
Les Ordres religieux. |

Un volume in-12. . . . . 3 50

L'Église et l'État. Conférences apologétiques, un volume in-12 (sous presse) 3 50

31192. — Tours, impr. Mame.

www.ingramcontent.com/pod-product-compliance
Lightning Source LLC
LaVergne TN
LVHW051502090426
835512LV00010B/2289